Dessin

Debesse architecte
12 janvier 1786

V³⁶ 2003

CATALOGUE
DES DESSINS
MONTÉS ET EN FEUILLES,
QUI COMPOSOIENT LE CABINET
DE FEU M. DEBESSE, ARCHITECTE.

PAR A. J. PAILLET, Peintre.

DONT la Vente se fera le Jeudi 12 Janvier 1786, & jours suivans, de relevée, en la grande Salle de l'Hôtel de Bullion, rue Plâtriere.

MM. les Amateurs pourront voir les Objets qui composent cette Vente les Mardi 10 & Mercredi 11, depuis dix heures du matin jusqu'à une heure, en ladite Salle de Vente, où ils seront exposés.

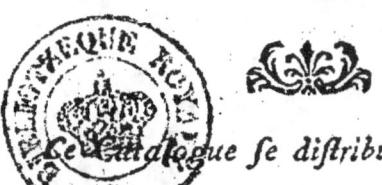

Le Catalogue se distribue A PARIS,

Chez { A. J. PAILLET, audit Hôtel de Bullion, rue Plâtriere.
Et Me BOILEAU, Huissier-Commissaire-Priseur, rue du Bacq, N°. 262.

1785.

AVIS.

Feu M. Debesse, entraîné par un goût dominant pour les Arts, avoit commencé à se former une Collection générale de Tableaux & de Dessins, pour laquelle, outre ses propres lumieres, il s'aidoit encore de celles de différens amis distingués & instruits, avec lesquels il étoit étroitement lié. Mais ayant reconnu qu'il faut des moyens presque inépuisables pour se satisfaire dans ces deux parties, il renonça sagement à la premiere, fit faire la vente publique de tout ce qu'il possédoit en Tableaux, & ne s'occupa plus que de soigner & étendre sa Collection de Dessins. Il puisa successivement dans toutes les Ventes qui eurent lieu depuis, les morceaux les plus précieux & les plus rares dans ce genre, qu'il ne balançoit pas de payer plutôt en Amateur qu'en Artiste. Tels sont quelques Dessins extraordinaires de *Polidoro*, de *Jules Romain*, du *Guide*, du

Dominicain, de *Pietre de Cortonne*, du *Parmesan* & autres grands Maîtres Italiens, de *le Sueur*, de *le Moine*, de *Rimbrandt*, de *Rubens*, de *van Dyck*, de *la Hire* & autres. Une mort trop prompte vint l'enlever au moment où il commençoit à jouir de cet ensemble déja très-précieux, & qui l'est devenu davantage encore par l'émulation que MM. les Amateurs mettent depuis quelques années dans la recherche des belles Etudes de nos grands Maîtres. Aujourd'hui que nous sommes chargés de conduire la vente de ce Cabinet, qui n'a été retardée que par quelques circonstances de famille, nous invitons MM. les Curieux à examiner attentivement autant la partie des *Dessins montés* que celle des *Dessins en feuilles*, dans tous les lots de laquelle nous avons pris soin de répandre quelques morceaux intéressans, & dont le détail nous a semblé également d'un bon choix, & nous ne doutons pas qu'ils ne confirment l'opinion que nous avons nous-mêmes cru devoir prendre de cette Collection.

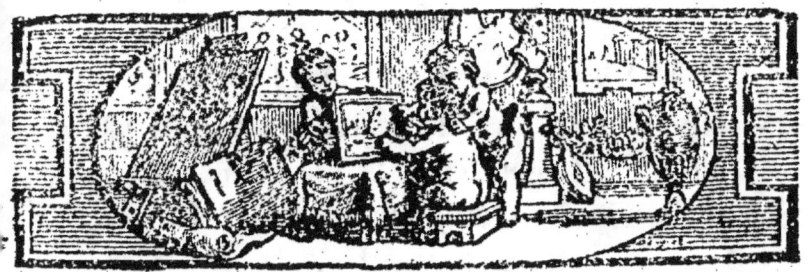

CATALOGUE
DES DESSINS
MONTÉS ET EN FEUILLES,

Qui compoſoient le Cabinet de feu M. DEBESSE, Architecte.

ÉCOLE D'ITALIE.
POLIDORO.

N°. 1 Un ſuperbe Deſſin au biſtre, & rehauſſé de blanc; il repréſente Joſeph échappant aux pourſuites de Putiphar. Il eſt parfaitement conſervé.

PAR LE MÊME.

2 Une très-belle Étude de figure d'Apôtre; Deſſin à la plume & lavé de biſtre, rehauſſé de blanc, ſur papier bleu.

A iij

A. ALLEGRI LE CORREGE.

3 Un superbe Dessin à la pierre noire, sur papier blanc. Il représente la Vierge tenant devant elle l'Enfant Jésus couché & vu de face.

PAR LE MÊME.

4 La Nativité : petit Dessin très-précieux, & rendu à l'effet ; il est lavé au crayon rouge, & rehaussé de blanc, sur papier blanc.

A. DEL SARTE.

5 Un très-beau Dessin : composition allégorique, dans laquelle sont sept figures, dont une femme portant un breuvage à une autre ; il est à la plume, sur papier gris, & rehaussé de blanc.

PAR LE MÊME.

6 La Fécondité : Grouppe d'une figure de femme & six enfans. Dessin savant à la plume, sur papier gris, lavé de bistre, & rehaussé de blanc.

GUIDO RENI.

7 Un Dessin très-capital à la plume, & rehaussé de blanc ; il représente Saint Pierre ayant une main élevée, & la tête appuyée sur l'autre main. Ce Dessin est une Étude terminée d'un Tableau célèbre de ce Maître.

PARMEZANINO.

8 Un superbe Dessin de ce Maître ; sujet allégo-

rique repréſentant deux femmes & trois enfans. Il eſt au crayon rouge, ſur papier gris, & parfaitement conſervé.

TITIANO.

9 Deux Deſſins au biſtre, & rehauſſés de blanc, ſur papier gris : ſujet des Chaſſes de l'Empereur Maximilien.

PAR LE MÊME.

10 Un très-beau Deſſin à la plume ſur papier gris : compoſition de huit figures. Il eſt pur & bien conſervé.

PAR LE MÊME.

11 Un très-beau Payſage à la plume, ſur papier blanc.

LE DOMINICAIN.

12 Saint François expirant & aſſiſté par les Anges : très-beau Deſſin à la plume, lavé de biſtre.

ANNIBAL CARRACHE.

13 Suzanne & les deux Vieillards, compoſition de trois figures ; ſuperbe Deſſin parfaitement conſervé, & légérement colorié.

AUG. CARRACCI.

14 Les Noces de Cana ; ſuperbe Deſſin à la plume, ſur papier blanc, lavé de biſtre ; compoſition d'un grand nombre de figures.

CAVEDONE.

15 Le Martyre de Saint Sébaſtien : très-beau Deſſin à la plume ſur papier brun , & rehauſſé de blanc.

LACTANTIO GAMBARA.

16 Un ſuperbe Deſſin, compoſition de dix-huit figures, à la plume, & rehauſſé de blanc ſur papier gris ; il repréſente Moyſe frappant le rocher pour défaltérer les Iſraëlites.

HIERONIMO MUTIANO.

17 Un très-beau Deſſin au crayon rouge ſur papier blanc , Étude d'une figure d'Évangéliſte.

PERIN DEL VAGA.

18 Un Deſſin au crayon rouge ſur papier blanc repréſentant une troupe de Vierges : ſujet de quelques Tableaux de Cloître.

HIERONIMO GENGA.

19 La Femme adultere : compoſition de quinze figures, deſſinées à la plume ſur papier gris , lavée de biſtre & rehauſſée de blanc. Ce Deſſin nous ſemble très-capital.

GUERCHINO.

20 Un petit Deſſin précieux, repréſentant une Marche de femmes ; compoſition à la plume & au biſtre.

Par le même.

1 L'Incrédulité de Saint Thomas: composition de deux figures; Étude à la plume sur papier blanc.

Par le même.

2 Une Étude à la plume d'un grouppe de deux figures, représentant un Bourreau qui va trancher la tête à un Martyr.

Pietro di Cortona.

3 Un Dessin capital, représentant un Guerrier couronné par la Victoire, & faisant rendre les armes à une armée ennemie. Il est à la plume & au bistre sur papier blanc.

Fulgentio Bologneze.

4 Un petit Saint Jean dans le désert: Dessin précieux au crayon rouge, sur papier blanc.

Tiepolo.

5 Un grand Dessin, Grouppe de quatre figures, Étude pour un Tableau de la Continence de Scipion. Il est au bistre sur papier blanc, & rehaussé de blanc. Ce morceau est précieux & recommandable.

N. Biscaino.

6 La Vierge, l'Enfant Jésus, & Saint Joseph. Dessin au crayon rouge sur papier gris, & rehaussé de blanc.

C. BERNINO.

27 Jésus rendant la vue à un aveugle ; Dessin à la plume légérement lavé d'encre de la Chine.

GRAZZIANI.

28 Un Dessin à la plume lavé de bistre, représentant la Creche.

PIAZZETTA.

29 Un joli Dessin à la pierre noire sur papier blanc, représentant l'Adoration des Bergers.

SOLIMENE.

30 Un Dessin très-rendu, exécuté à la plume & à l'encre de la Chine sur papier bleu ; il paroît être l'Étude d'une composition du Tableau pour le sujet du Baptême.

LUD. GEMINIANI.

31 Un très-beau Dessin à la plume, lavé d'encre de la Chine sur papier bleu, & rehaussé de blanc ; composition de dix figures, dont le sujet paroît être une allégorie à l'ancien culte de Rome.

JOSEPH ARPIMO, dit JOSEPIN.

32 Un Dessin capital à la sanguine sur papier blanc ; l'étude d'une figure de Roi : *de la Collection de M. Mariette.*

Par le même.

33 Un Dessin capital à la sanguine sur papier blanc; étude d'une figure académique drapée & vue par le dos.

Salvator Roza.

34 Saint Jérôme dans le desert; dessin à la plume & au bistre sur papier blanc, très-capital.

Par le même.

35 Une belle Etude à la plume, représentant des soldats & autres figures.

D. Fety.

36 Une Etude de saint François dans sa grote, dessin lavé au bistre.

Par le même.

37 Une Madeleine pénitente, joli dessin à la plume & au bistre sur papier gris, & rehaussé de blanc.

Romanelly.

48 Un Dessin octogone colorié, allégorie pour la Religion.

Booth.

39 Une Etude de Rochers & Paysage, dessin à la plume, lavé de bistre.

H. Rooz.

40 Un Dessin vigoureux à la plume, & touché

d'encre de la Chine, représentant des animaux avec fabriques & figures.

LE BOURGUIGNON.

41 Un superbe Dessin à la plume, & lavé d'encre de la Chine, représentant une marche de Cavalerie.

PALMERIUS.

42 Deux Paysages à la plume & coloriés, avec des effets de soleil couchant: ils sont de la plus belle exécution de cet Artiste.

PAR LE MÊME.

43 Deux grands Dessins à la plume, représentant des Paysages avec vues de fortifications & de montagnes, & ornés de figures.

ECOLES
FLAMANDE ET HOLLANDOISE.

VAN ORLAY.

44 Un Dessin au bistre sur papier blanc & rehaussé d'or, représentant un Seigneur Flamand & sa femme, visitant une métairie.

A. BLOEMAERT.

45 L'Annonce aux Bergers, composition de six

figures à la plume, lavée de bistre & légèrement rehaussée de blanc.

J. ROTHENAMER.

6 Un joli Dessin colorié & de forme ronde, représentant Bacchus & deux Nymphes.

LINDERS le vieux.

7 Un Repos en Egypte, dessin à la plume & colorié, représentant la vue d'une forêt.

C. DE WAELS.

8 L'Adoration des Bergers, joli dessin sur papier blanc & à la plume, lavé d'encre de la Chine.

M. DE VOS.

9 Une Cuisine; très-beau dessin à la plume sur papier blanc, & lavé d'encre de la Chine.

P. P. RUBENS.

10 Un très-beau Dessin de ce Maître, connu sous le nom de la *Chûte des Anges impudiques* : ce dessin très-terminé est du meilleur temps de Rubens.

PAR LE MÊME.

11 Un très-beau Dessin à la plume & au crayon rouge rehaussé de blanc; composition de dix figures d'un effet savant.

Par le même.

52 Une superbe Tête d'Homme, aux trois crayons sur papier blanc.

A. Vandick.

53 Un superbe Portrait de ce Maître, à la pierre noire sur papier blanc, la tête est vue de face, & le corps est vu jusqu'après la ceinture.

Par le même.

54 Une Etude du Christ mis au tombeau; dessin aussi très-capital à la pierre noire sur papier blanc.

J. Jordaens.

55 L'Adoration des Mages; composition de plus vingt figures: dessin colorié très-capital de ce Maître.

Par le même.

56 Un très-beau Dessin à la plume sur papier blanc; composition de huit figures, représentant la Distribution des aumônes.

Par le même.

57 Une Allégorie à la Religion, dessin colorié & terminé; composition de douze figures.

Par le même.

58 Une Composition pour un vitrage d'Eglise: ce dessin est à la plume sur papier blanc.

E. QUELLINUS.

59 Un grand Deſſin, ceintré par le haut, repréſentant les Bergers ſaiſis d'étonnement de ce que leurs troupeaux ſe ſont raſſemblés auprès de quelques hoſties trouvées dans la campagne, ſuivant le miracle rapporté dans l'Ecriture.

RIMBRANT.

60 Jeſus chez Marthe & Marie; deſſin très-capital de ce Maître: il eſt lavé de biſtre.

PAR LE MÊME.

61 Le Jugement de Salomon, deſſin auſſi très-capital, à la plume & lavé de biſtre; compoſition de douze figures.

PAR LE MÊME.

62 Un grand Payſage, à la plume ſur papier blanc & lavé de biſtre.

KONING.

63 Une Vue de Payſage très-étendu, au milieu duquel ſe voit une tour: ce deſſin, précieux & d'un grand effet, eſt légérement colorié ſur papier blanc.

G. LAIRESSE.

64 Une petite Friſe de jeux d'enfans; deſſin à la plume, lavé de biſtre, & d'un mérite rare.

PAR LE MÊME.

65 Le Portrait d'Aulu-Gele écrivant les Nuits Attiques; dessin à la plume & au bistre sur papier blanc.

D. TENIERS.

66 Un Intérieur de Tabagie, dans lequel on compte cinq figures; dessin très-rendu & très-spirituel, à la pierre noire, sur papier blanc.

C. DUSART.

67 Un Dessin capital de ce Maître, à la plume & au bistre sur papier blanc : il représente un intérieur de Tabagie, où l'on voit deux vieillards à table & couronnés.

PAR LE MÊME.

68 Un autre Dessin capital, représentant un Intérieur de Tabagie Hollandoise, dans laquelle sont toutes sortes de Musiciens : il est exécuté au bistre sur papier blanc.

PAR LE MÊME.

69 Une Vue de Paysage Flamand orné de quelques figures. Ce dessin est à la pierre noire & au crayon blanc sur papier blanc.

PH. VOUVERMANS.

70 Un Dessin très-capital au crayon rouge sur papier blanc; première pensée de quelque tableau de Paysage de ce Maître.

Par le même.

71 Un Homme tenant un cheval par la bride; deſſin terminé à l'encre de la Chine ſur papier blanc.

Moucheron le vieux.

72 Un très-beau Payſage, repréſentant une vue de forêt ornée de figures : deſſin précieux à la plume & lavé d'encre de la Chine ſur papier blanc.

Linghelbak.

73 Un ſuperbe Deſſin, repréſentant une vue de port de mer, dont les devants offrent une riche fontaine & diverſes figures : il eſt à la pierre Indiens : noire ſur papier blanc.

Par le même.

74 Une Etude de port de mer, ſur le devant duquel on voit quelques figures de Marchands deſſin à la plume ſur papier blanc.

Van Romyn.

75 Un troupeau d'animaux couchés & debout au devant d'une étable; ſuperbe étude très-terminée à l'encre de la Chine ſur papier blanc.

J. Wynantz.

76 Un ſuperbe Deſſin, lavé à l'encre de la Chine ſur papier blanc : il repréſente un Payſage, dans le milieu duquel s'élève une monticule; la

B

droite offre un chemin où passe un homme à cheval.

H. VESKURING.

77 Un Dessin capital, lavé à l'encre de la Chine sur papier blanc: il représente un point de vue du Tibre à Rome, près duquel est une place publique avec quantité de figures & animaux.

VANDER DOES.

78 Un Dessin à l'encre de la Chine, représentant nn intérieur de grotte avec divers animaux & figures.

VAN UDEN.

79 La Vue d'un Payfage très-étendu; dessin précieux à la plume & légèrement colorié.

G. BERCKHEIDE.

80 Un Dessin très-rendu à l'encre de la Chine, représentant une place publique près d'une église, & orné de figures & animaux.

C. BEGA.

81 Deux Dessins au crayon rouge, précieusement rendus: ils représentent des femmes assises.

J. B. BREUGHELS.

82 Un grand Dessin de ce Maître, représentant l'entrée d'une forêt, & une Vue de mer: il est à la plume sur papier blanc légèrement colorié, & d'un grand effet.

PAR LE MÊME.

3 Une petite Vue de mer avec barques & figures, dessin à la plume légérement colorié.

PAR LE MÊME.

4 Une autre Vue de mer avec la perspective d'une ville dans l'éloignement : dessin à la plume, légérement colorié.

N. BERGHEM.

5 Un superbe Paysage avec lointain, rochers, fabriques & chûtes d'eaux, & orné de quantité de figures & d'animaux : il est à la pierre noire sur papier blanc.

PAR LE MÊME.

6 Un autre Paysage très-capital, avec fabriques, figures & animaux : il est au crayon noir sur papier blanc, & la fabrique du milieu est au crayon rouge.

PAR LE MÊME.

7 Deux jolis Dessins à la pierre noire sur papier blanc ; études de Paysages & fabriques ornées de figures & animaux.

J. RUISDAAL.

8 Un Dessin très-précieux à la pierre noire sur papier blanc, représentant un Paysage, sur le devant duquel est un chariot traversant une marre.

Par le même.

89 Une Vue de Payſage orné de quelques animaux : il eſt à la pierre noire ſur papier blanc.

Par le même.

90 Une Vue d'intérieur de Ferme ; joli deſſin à la pierre noire ſur papier blanc.

W. Vanden Velde.

91 Une Marine : on y compte pluſieurs grands vaiſſeaux & barques. Ce deſſin, très-terminé & du plus bel effet, eſt à l'encre de la Chine ſur papier blanc.

B. Breemberg.

92 Un petit deſſin très-précieux de ce Maître, compoſition de ſix figures & quelques animaux ; il eſt à la plume & au biſtre ſur papier blanc, & d'un effet très-piquant.

Par le même.

93 La vue d'un Arc de triomphe de l'ancienne Rome ; deſſin très-piquant à la plume & au biſtre ſur papier blanc.

Par le même.

94 Un Payſage orné de montagnes & de rivieres ; il eſt à l'encre de la Chine ſur papier blanc.

PAR LE MÊME.

95 La vue d'une Grotte ou Caverne ; deſſin vigoureux, à l'encre de la Chine.

G. NETSKER.

96 Un ſuperbe Deſſin, repréſentant une jeune femme en habit du matin & en fourure blanche ; elle eſt au crayon noir & blanc ſur papier bleu.

D. HELMBREKER.

97 Deux Deſſins très-rendus à la pierre noir, ſur papier gris ; ils repréſentent, l'un un jeune garçon, l'autre une jeune fille.

A. B. FLAMEN.

98 Un joli Deſſin à la plume & à l'encre de la Chine, repréſentant un grouppe de quelques levriers dans une plaine.

VANDER MEULEN.

99 Une Figure de Cavalier, étude précieuſe à la mine de plomb ſur papier blanc.

WILLEM BAUR.

100 Un joli Deſſin légérement colorié, ſur papier blanc ; il repréſente un choc de cavalerie dans une plaine.

P. BOUTH.

101 Un Deſſin riche de compoſition, à la plu-

me & à l'encre de la Chine, sur papier blanc, représentant une marche de Caravanne.

JENSENS.

102 Une vue de Village Hollandois, dessin à la pierre noire lavé de bistre & rehaussé de blanc.

FRANÇOIS FLAMAND.

103 Une belle Etude d'enfans au crayon noir, sur papier gris.

WAGNER.

104 Deux Gouaches très-capitales & bien conservées de ce Maitre, représentant des Paysages avec vues de lointains, & ornés de figures.

MAYER.

105 Deux Gouaches très-précieuses & très-terminées, dans lesquelles on remarque une grande quantité de figures; l'une représente une noce de Village, l'autre une querelle de paysans.

PAR LE MÊME.

106 Des Bergers & Animaux arrêtés près d'une fontaine ou cascade; dessin à la pierre noire rehaussé de blanc sur papier gris.

DESSINS
DE DIFFÉRENS MAITRES
FLAMANS ET HOLLANDOIS.

107 Un Deſſin capital, repréſentant une marche d'Animaux paſſant une mare d'eau, au pied d'une haute fabrique; il eſt lavé d'encre de la Chine ſur papier blanc, & dans le ſtyle de *Carle du Jardin*.

108 Un Payſage avec fabriques & lointains; deſſin précieux à la plume & colorié : il eſt ſigné *A. E.*

109 Un très-beau Payſage à la plume, avec fabriques, figures & animaux.

110 Un petit deſſin à l'encre de la Chine, étude d'une chaumiere dans la maniere de *Veshuring*.

121 Un pétit Payſage colorié, repréſentant l'entrée d'un château.

112 Un Deſſin à la pierre noire ſur papier blanc, repréſentant des animaux près d'une chaumiere. Il eſt dans la maniere de *P. Potter*.

ÉCOLE FRANÇOISE.

G. PILON.

113 Un Deſſin légérement traité à la plume & au biſtre ſur papier blanc, repréſentant un Portique d'architecture avec figures de Cariatides.

PORBUS.

114 Deux précieux Portraits légérement deſſinés à la mine de plomb, & au crayon rouge.

N. POUSSIN.

115 Un petit deſſin à la plume lavé de biſtre & légerement tracé de rouge, repréſentant un ſujet de la Fable.

S. VOUET.

116 Un très-beau Portrait d'homme; il eſt à la pierre noire ſur papier gris, & a le viſage légérement colorié.

E. LESUEUR.

117 Une Etude, eſquiſſe à l'huile du Saint Bruno; ce morceau eſt très-précieux.

S. BOURDON.

118 Un grand Deſſin au biſtre & rehauſſé de blanc; compoſition de quinze figures, repréſentant les malheurs d'un naufrage.

L. DE LA HIRE.

119 Un Deſſin très-capital de ce Maître, au crayon noir ſur papier blanc. Il repréſente S. Paul guériſſant les malades à la porte du Temple.

PAR LE MÊME.

120 Un Deſſin très-capital au crayon noir ſur papier blanc, repréſentant un ſujet de l'Hiſtoire Romaine, d'une compoſition ſavante & très-étendue.

PAR LE MÊME.

121 Un précieux Deſſin à la pierre noire ſur papier blanc; compoſition de trois figures principales, repréſentant l'Enlévement d'Europe.

LE PAUTRE.

122 Deux Deſſins études de Trophées d'armes & d'armures : Ils ſont à la plume, & lavés de biſtre.

DE NANTEUIL.

123 Le Portrait du célebre Le Nautre, & celui de Perrot, architectes.

LE MAIRE POUSSIN.

124 Un Intérieur de Temple dans lequel ſont pluſieurs figures, dont un Sculpteur occupé à finir un modele de taureau : il eſt à la plume & au biſtre ſur papier blanc.

C. LE LORRAIN.

125 La Vue d'un Payſage immenſe : il eſt à la plume & au biſtre ſur papier gris. Ce morceau, d'un effet précieux & piquant, nous paroît très-capital.

J. LE CLERC.

126 Un très-joli Deſſin à la plume, repréſentant l'intérieur du Sénat Romain.

BOUCHARDON.

127 Un Deſſin au crayon rouge, fait au premier coup ; compoſition de deux figures repréſentant une Nymphe fuyant devant un fleuve. Ce Deſſin ſçavant eſt une étude très-précieuſe.

P. PUJET.

128 Une Marine, deſſinée à l'encre de la Chine ſur vélin ; deſſin rare & précieux.

N. COYPEL.

129 Un Sujet de l'Hiſtoire Romaine ; Deſſin très-capital aux crayons noir & blanc ſur papier gris ; compoſition de trente figures.

RAYMOND DE LA FAGE.

130 Un Deſſin vigoureux à la plume, & lavé d'encre de la Chine ; repréſentant Moïſe faiſant périr dans les eaux de la mer Pharaon & tous ſes ſujets.

PAR LE MÊME.

131 Deux jolis Deſſins à la plume & lavés de biſtre : ils repréſentent l'un un ſacrifice au Dieu Pan, l'autre une danſe de Faunes & de Nymphes.

PARROCEL.

132 Un Intérieur de Corps-de-garde, dans lequel ſont quatre ſoldats ; deſſin au biſtre rehauſſé de blanc, & d'un grand effet.

DE TROY.

133 Un Grouppe de deux figures aux crayons noir & blanc ſur papier gris.

L. F. DELARUE.

134 Un très-beau Deſſin lavé de biſtre, repréſentant l'Etude ſous une figure de femme.

C. NATOIRE.

135 Un Deſſin colorié, forme de pendentif, repréſentant la Déeſſe de la Beauté & celle de la Jeuneſſe. Ce morceau paroit être une étude de partie d'un plafond.

COLIN DE VERMONT.

135 Une Compoſition de quinze figures au crayon noir ſur papier gris, & rehauſſée de blanc ; repréſentant la mort de la Vierge.

Hutin de Dresde.

137 Un précieux Dessin à la mine de plomb sur papier blanc; composition de huit figures, représentant l'Assassinat d'un Visir.

Parrocel.

138 Deux savans Dessins à la plume & coloriés: Ils représentent l'un un camp, l'autre un défilé d'armée.

F. Boucher.

139 Vénus & les Amours descendans visiter Adonis; superbe dessin au bistre, du meilleur tems de ce Maitre.

Par le même.

140 Un joli Dessin à la pierre noire sur papier blanc, représentant un Bain de femme.

Par le même.

141 Un intérieur de Basse-Cour, dessin à la mine de plomb sur papier blanc.

Par le même.

142 Une Tête de femme aux trois crayons.

M. Boissieu.

143 Deux vues de Ruines, lavées & coloriées, sur papier blanc.

J. Vernet.

144 Un joli Dessin à l'encre de la Chine, su-

jet de Payſage orné de deux figures; il eſt ſigné & daté à Rome 1746.

M. VINCENT.

145 Un très-beau Deſſin exécuté à Rome par cet Artiſte, d'après l'Arc de Conſtantin. Il eſt à la plume, lavé de biſtre & rehauſſé de blanc ſur papier bleu.

CARESME.

146 Une très-belle Gouache de ce Maître, repréſentant des Bûveurs ſous une treille.

H. ROBERT.

147 Deux ſuperbes Deſſins aquarellés, légérement coloriés. Ils repréſentent des Ruines & Monumens d'architecture, & ſont ornés de ſuperbes figures analogues.

H. FRAGONARD.

148 Une jeune Femme vue de face & donnant à tetter à ſon enfant; il eſt aux trois crayons ſur papier bleu, & touché au paſtel.

PAR LE MÊME.

149 Un joli Payſage au biſtre, ſur papier blanc, orné de figures.

L. LAGRENÉE le jeune.

150 Une Friſe dans le genre antique: compoſi-

tion de plus de trente figures, à la plume, sur papier bleu, & rehaussée de blanc.

M. CHOFFARD.

151 Un précieux Dessin à la sanguine, exécuté par cet Artiste pour la gravure d'un frontispice.

MOREAU.

152 Une très-belle Gouache de ce Maître, représentant une Ruine de Château, au bas duquel sont de belles eaux ; elle est ornée de figures & animaux analogues à la composition.

PAR LE MÊME.

153 Deux Vues de Paysages avec ruines & fabriques, Dessins aquarellés.

TAUNAY.

154 Un Paysage à la gouache, représentant une mare d'eau à l'entrée d'une forêt ; on y voit un Pâtre monté sur un âne, & conduisant des bestiaux.

155 Deux jolis Dessins coloriés aquarellés; l'un représente la curée d'un Cerf, l'autre une Marche d'animaux.

COTTIBER.

156 Une Vue de Paysage à la pierre noire sur papier blanc.

PAR LE MÊME.

157 Un Payſage au crayon rouge, orné de figures.

DESSINS EN FEUILLES.

ECOLE D'ITALIE.

158 Un très-beau Deſſin, par *Jules Romain*, un autre par *Michel Ange*.

159 Trois Deſſins par *Polidoro* & *Raphaël*.

160 Trois Deſſins, architecture, par *Polidoro*, *Michel Ange* & autres.

161 Deux Deſſins capitaux, par *Pordenone* & *Michel Ange*.

162 Sept Deſſins, par *Michel Ange*, *Perin del vaga*, *Bloemaert*, *Peʒareʒe* & autres.

163 Trois Deſſins, par *Mickel Ange*, *S. del Piombo* & *Giorgione*.

164 Cinq Deſſins, par *Perin del vaga*, *Jacomo Baſſano* & autres.

165 Trois Deſſins, par *Guerchino*, *Cæſar Gonnari* & *Pardenone*.

166 Trois Deſſins, Payſages, par *Campagnole, Titien* & autres.

167 Trois Deſſins, par *le Guide* & *Pietre de Cortonne.*

167 bis. Un ſuperbe Deſſin, Payſage à la plume ſur papier blanc, par le *Dominicain.*

168 Huit Deſſins, par *Perrin del vaga, Marc de Sienne, Mathurino, Carpioni, Primatice* & autres.

168 Quatre Deſſins capitaux, par *L. Maſſari, Ligozio* & autres.

170 Deux Deſſins très-précieux, & d'un bel effet, par *Benedetto Caſtiglione*; ils ſont coloriés & rendus comme deux tableaux.

171 Cinq Deſſins, ſujets de friſes & autres, par *Jeromino de Cari, B. Cadnoho, Tintotoret* & autres.

172 Sept Deſſins précieux, différens ſujets par *A. Veroneze, Perin del vaga, Cangiage, Titien* & autres.

173 Cinq Deſſins, par *Lanfranc, Jordans de Naples, Aug. Barroche* & autres.

184 Six Deſſins, par *Mirolo di parma, Fralgentio Bologneze, Dom Feti, Marc de Sienne* & autres

175 Six Deſſins, par *l'Eſpagnolet, A. Tiarino, Guide Cagnacci* & autres.

176

176 Quatre Deſſins, par *L. Pennis*, *Fr. Carbone*, *Dominico Beccafumi* & *Bern. Caſtello*.

177 Cinq Deſſins, par *Zuccaro*, *Cangiage*, *Lanfranc*, *C. Maratt.* & autres.

178 Trois Deſſins, par *Jeronimo da Carpi*, *Spranger* & autres.

179 Six Deſſins, Etude de têtes, par *P. Veroneſe*, *Piazetta*, *Titiano Paſſignari* & autres.

181 Cinq Deſſins, par *Fr. Mola*, *Pietro Teſta*, *Gobbo des Carraches*, *Aug. Carrache* & autres.

181 Quatre Deſſins, payſages, par *Franciſque*, *Maſteletta*, *Carrache* & autres.

182 Six Deſſins, par *Fr. Vannius*, *Marc de Sienne*, *Guerchino* & autres.

183 Cinq Deſſins, payſages, par *A. Carrache*, *Fr. Mola*, *Salvator Roſa* & autres.

184 Huit Deſſins, payſages & ſujets, par *l'Eſpagnolet*, *Pietre Teſta* & autres.

185 Trois Deſſins, par *Joſepin*, *Ciroferri* & le *Dominicain*.

186 Trois Deſſins, par *Guerchino*, *S. Ricci* & *Cortonne de Gênes*.

187 Six Deſſins, par *Aug. Carache*, *M. Ange Caravagio*, *Perruzi*, *Murillos* & autres.

C

188 Quatre Deffins, dont deux très-beaux, par *P. Mathée*, les autres, par *Matturino* & autres.

189 Six Deffins, par *Aur. Milani*, *Micarini*, *Pellegrini* & autres.

190 Sept Deffins, payfages, par *Genoels*, *S. Ricci*, *H. Rooz* & autres.

191 Une feuille de fix Deffins très-beaux, croquis de bataille, par le *Bourguignon*.

192 Trois Deffins, payfage, par *Citadini detto il Milaneze*.

103 Cinq Deffins, payfages très-précieux, par *Hermant Zuantveld*, dit *Hermant d'Italie*.

194 Deux autres Payfages auffi très-précieux, par *Hermant d'Italie*, & *Fouquier*.

195 Six Deffins par *le Milaneze*, *Fr. de Neves*, *Vallerio Caftelli*, & autres.

196 Trois Deffins, par *Séb. Ricci* & *J. P. Panini*.

197 Un Deffin très-capital, au crayon rouge, fur papier gris, par *Phil. Lauri*, repréfentant une marche de Silene.

198 Quatre Deffins coloriés, dont deux très-fins, par *Romanelli*; les autres par *Ph. Lauri*.

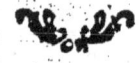

ECOLES
FLAMANDE ET HOLLANDOISE.

199 Quatre Deſſins, par *Henry Goltius*, *van Orlay* & autres.

200 Quatre Deſſins Payſages, par *P. Breughels*, & *J. B. Breughels*.

201 Quatre Deſſins Payſages, par *J. Luyken*, *J. B. Breughels* & *Matthieu Brill*.

202 Deux Deſſins; dont la Scenc, morceau précieux par *J. Maës*, & un Payſage.

203 Un Deſſin; précieux ſujet de Vierge, par *C. Schutz*.

204 Quatre Deſſins, par *J. Linens*, *Janſens d'Anvers*, *van Orlay* & *J. Livens*.

205 Quatre Deſſins Payſages, par *P. Breughels* & *J. B. Breughels*, *Paul Brill* & *Molyn*.

206 Six Deſſins, Payſages à la pierre noire, par *Vader* & autres.

207 Quatre Deſſins très-rendus, par *C. Dufart* & *Corn. Bega*.

208 Quatre Deſſins, Payſages très-fins par *Breughels de Velours*, & *Pietre Gueiche*.

209 Quatre Deſſins, par *D. Teniers*, *A Oſtade* & *Brawer*.

210 Deux Deſſins capitaux, par *J. Jordaens*, dont l'un repréſente une famille à table, & l'autre une Nativité.

211 Cinq Deſſins, Payſages par *van Goyen*, *Iſaye Vandevelde* & autres.

212 Cinq Deſſins, Payſages, par *H. Verskaring*, *Baudouin*, *Skeling* & autres.

213 Quatre Deſſins, par *H. Verskuring*, *Th. Wick* & autres.

214 Quatre Deſſins, par *G. Laireſſe*, *A. Vandick*, *Velaſquez*, *Segers* & autres.

215 Cinq Deſſins, Payſages par *Rolant Kogkman* & autres.

216 Une feuille de deux Payſages très-précieux, par *Rimbrant*, dont l'un repréſente ſon moulin.

217 Deux autres Payſages très précieux, par *Rimbrant*.

218 Cinq Deſſins, Payſages & Sujets par *Rimbrant*.

219 Quatre Deſſins, par *B. Breemberg*, *C. de Waëls*, *Luyken* & autres.

220 Quatre Deſſins, par *P. Brill*, *Kogman*, *Van Uden* & *B. Peters*.

221 Quatre Deſſins, par *Williem Vandevelde*, *Ruiſdaal* & autres.

222 Neuf Deſſins, par *Sneyders*, *Vandermeer*, *Ferd. Bol*, *Baudouin* & autres.

223 Cinq Deſſins très-fins, différens Payſages, par *N. Berghem*, *C. Poelembourg* & *B. Breemberg*.

224 Sept autres Deſſins, Payſages, par *J. Both* & autres.

225 Sept autres Deſſins, différens ſujets de Payſages, par *J. B. Breughels*, *B. Breemberg*, *D. Teniers*, *van Oſtade* & autres.

226 Cinq Deſſins à la plume, par *Vanderburk*, *Ovarlet* & autres.

ÉCOLE FRANÇOISE.

227 Six Deſſins, par *N. Pouſſin*, *S. Bourdon*, *Ph. de Champagne* & autres.

228 Deux feuilles, études de Têtes, par *Jouvenet*. Six Deſſins, par *S. Vouet*, *Le Sueur*, *Jouvenet* & autres.

229 Deux très-beaux Deſſins au crayon rouge, études de Payſages par *Lemoine*.

230 Quatre autres Deſſins, études de Têtes, figures & chevaux, par *Lemoine*.

231 Trois Deſſins : l'Aſſomption de la Vierge, par *S. Vouet*; & deux Etudes de plafond, par *N. Loir*.

232 Trois Deſſins; une étude de navire par *le Pujet*, & deux croquis au crayon rouge, par *Bouchardon*.

233 Deux Deſſins, ſujets de batailles, par *Parrocel*.

234 Cinq autres Deſſins, ſujets de batailles & autres, par *Parrocel*.

235 Deux Deſſins, études d'enfans, par *François le Queſnoy* dit *François Flamand*.

236 Onze Deſſins, par *Natoire*, *Watteau*, *Pater*, *Fr. Boucher* & autres.

237 Deux Deſſins : un ſuperbe Palais d'Architecture, par *Perignon*, & une Etude de Payſage, par *M. Robert*.

238 Quatre Deſſins, Payſages par *Desfriches*, *Parrocel*, *Gouré* & autres.

239 Cinq Deſſins, par *Subleyras*, *Chardin*, *Le Prince* & autres.

240 Huit Deſſins, par *Parrocel* & autres.

241 Quatre Payſages à la gouache, par *Cottiber*.

242 Pluſieurs Deſſins, tant montés qu'en feuilles : Sujets de Batailles, Cavalerie, & autres Etudes, tous du Cabinet de feu M. *Le Pan*, Peintre de batailles, de S. A. S. Mgr le Prince de Condé,

& exécutés par cet Artiste ; qui feront vendus sous ce numéro.

---

243 Trois Tableaux peints sur bois, *savoir :* un Paysage en hauteur, dans le style de *Moucheron* & *Berghem* ; un Paysage très-fin, par *Michaux* ; & un Sujet de nuit, dans la maniere de *Vander Neer*.

---

244 Différens lots de Dessins des trois Ecoles, qui feront vendus sous ce numéro.

245 Plusieurs lots d'Estampes de tous genres, qui feront pareillement vendus sous ce numéro.

FIN.

Lu & approuvé, ce 5 Janvier 1786.

COCHIN.

De l'Imprimerie de PRAULT, Imprimeur du Roi, Quai des Augustins. 1786.

www.ingramcontent.com/pod-product-compliance
Lightning Source LLC
Chambersburg PA
CBHW030059230526
45471CB00003B/1173